Emmanuel Eugene Eyamouesse

Le pardon dans l’Evangile selon Matthieu

Emmanuel Eugene Eyamouesse

Le pardon dans l'Evangile selon Matthieu

Precis d'exegese historico-critique sur Matthieu 18 : 21-22

Éditions Croix du Salut

Imprint
Any brand names and product names mentioned in this book are subject to trademark, brand or patent protection and are trademarks or registered trademarks of their respective holders. The use of brand names, product names, common names, trade names, product descriptions etc. even without a particular marking in this work is in no way to be construed to mean that such names may be regarded as unrestricted in respect of trademark and brand protection legislation and could thus be used by anyone.

Cover image: www.ingimage.com

Publisher:
Éditions Croix du Salut
is a trademark of
International Book Market Service Ltd., member of OmniScriptum Publishing Group
17 Meldrum Street, Beau Bassin 71504, Mauritius
Printed at: see last page
ISBN: 978-613-7-37374-3

LE PARDON DANS L'EVANGILE SELON MATTHIEU : PRECIS D'EXEGESE HISTORICO-CRITIQUE SUR MATTHIEU 18 : 21-22.

Notre vœu le plus profond est d'amener tous nos lecteurs à se convaincre que, le pardon reste le seul recours aujourd'hui, pour une paix sincère solide et durable entre les hommes ; et que nous avons les moyens d'y arriver.

PREAMBULE.

Aucun apport pensons-nous, aussi petit soit-il ne sera jamais de trop ni de moins dans l'œuvre grandiose héritée par les disciples du Seigneur Jésus-Christ, et dont l'une des caractéristiques fondamentales est la promotion de la vie. L'un des atouts majeur à cette noble initiative est sans doute la valorisation de la pratique du pardon.

L'esprit du pardon qui se trouve en réalité au centre de l'épanouissement de l'homme et des sociétés, constitue malheureusement la denrée la plus rare aujourd'hui. Pourtant, des témoignages bien qu'exceptionnels, nous révèlent l'évidence de la réalité et le bien-fondé du pardon.

Que de situations tendues et difficiles qui ont pu pourtant être maîtrisées et contrôlées grâce au pardon. Relevons d'une part, pour l'apprécier à sa juste valeur, l'histoire de CORRIE TEN BOOM qui fut, comme bien d'autres, emprisonnée dans un camp d'extermination nazi pendant la deuxième guerre mondiale. Le jour suivant la fin de la guerre, elle prêcha à Munich sur le thème du pardon et qui sera la main immédiatement après à l'un de ses geôliers.

Que dire de Martin Luther King qui, en prison à Birmingham, décida de jeûner pendant sept jours pour pardonner à ceux qui en voulaient à sa vie ?

Voyons l'attitude du Pape Jean-Paul II. Il rendit visite à MEHMET Ali Agca, l'homme qui avait tenté de l'assassiner et qui avait bien failli réussir. Dans cette prison de Rome, le Pape lui adressa trois mots : « Je te pardonne. » Le monde fut stupéfait, et le magazine Time en fit sa couverture et considéra cette histoire comme « un remarquable événement. »

Et que dire plus près de nous ici, du président Nelson MANDELA ? Emprisonné pendant vingt-sept ans, forcé à travailler dans une carrière de pierres, ayant sa vue très abîmée. Pourtant, lorsqu'il fut libéré et qu'il devint le premier président d'Afrique du Sud élu démocratiquement, il invita son geôlier blanc à la cérémonie.

Point n'est plus de doute de rappeler la manière dont le différent opposant le Cameroun au Nigeria à propos de la presqu'île de Bakassi a été résolu. Le pardon accordé et accepté des deux camps y a certainement joué un rôle capital. Les deux pays sont parvenus ainsi à éviter une situation catastrophique de guerre qui aurait, comme ailleurs , inéluctablement occasionné des destructions plus importantes de vies humaines et de biens.

D'autre part, combien de fois avons-nous pus nous réjouir en voyant l'esprit de pardon opérer des miracles, brisant les cœurs les plus durs, rétablissant des foyers désunis et changeant les situations les plus désespérées ?

Ces différents témoignages nous ont permis d'imaginer l'impact que cela produirait si tous, nous commencions à saisir ce glorieux privilège de pardonner.

En refusant de pardonner par contre, il est évident que le libre court est ainsi accordé à la destruction à la fois physique morale et même spirituelle. Les cas pour le prouver sont nombreux. Il n'y a qu'à bien observer de près tous les foyers de tensions et de violences à la fois politiques, économiques, sociales, culturelles, religieuses, conjugales sexuelles et verbales qui parsèment le monde entier. Ces dernières se traduisent pour la plus part dans des agressions, la criminalité, le terrorisme les guerres et bien d'autres formes plus discrètes d'oppressions. La liste est bien loin d'être exhaustive. Les incidents de famille, de quartier, de frontière, les conflits sociaux, raciaux, internationaux et religieux en sont une démonstration quotidienne, en dépit des initiatives entreprises pour les éviter.

Des conférences pour la paix, le désarmement, la limitation des armes nucléaires et bien d'autres initiatives encore ont été organisées. Les parties en conflit ont souvent eu recours au conseil de sécurité des Nations Unies. Citons le cas palpitant des Israéliens et des Palestiniens; des Angolais des Congolais, et plus récemment encore celui des Américains et des Irakiens.

Sur le plan religieux, des conciles ont été convoqués, ainsi que des rencontres œcuméniques dans le noble but d'atténuer au maximum l'intensité des divergences. Mais, toutes ces tentatives aux visées honorables, n'ont pas toujours atteint les réalisations escomptées. Les synodes et les conférences régionales, nationales ou internationales, intra ecclésiastiques ou inter ecclésiastiques n'ont pas encore atteint leurs nobles objectifs, parce que leurs partenaires sociaux, politiques ou religieux n'ont pas encore réussi à éliminer en eux l'esprit de parti, de race, de contestation, de révolte, de concurrence, de domination, de vengeance, de ressentiment.

Nous ne le dirons jamais assez, une étude sur le pardon, malgré tout le contraste qu'elle peut susciter de nos jours, revêt tout de même une importance cruciale et urgente, eu égard à l'atmosphère antinomique qui caractérise les rapports interpersonnels et inter sociétés. Déjà Jean DULEMEAU le dit d'une certaine manière dans la réflexion qu'il fait sur les issues possibles aux antinomies nationales et internationales: « Réfléchissons tout de même qu'il n'y a que deux issues possibles aux antinomies nationales et internationales qui déchirent notre monde : ou la guerre ou le pardon. Ne sommes-nous pas payés pour savoir que le pardon vaudrait mieux que la guerre ? La solution de bon sens, c'est évidemment le pardon. » Pour cet auteur, il n'y a de toutes les façons que deux possibilités de sortie des différentes confrontations qui caractérisent les rapports interpersonnels et inter-sociaux : soit la guerre soit le pardon et nous sommes aujourd'hui suffisamment payés pour savoir que le pardon vaut mieux que la guerre.

Le pardon nous semble donc en effet, le fondement même d'une vie heureuse et victorieuse, une réponse à ne pas s'en douter, aux inquiétudes que nous font pressentir les tensions interhumaines et sociales de tous les jours.

I.4. DEMARCHE METHODOLOGIQUE ET STRUCTURE DU TRAVAIL

Une étude sur la Bible constituée d'écrits qui datent de plusieurs millénaires et ayant subi des transformations diverses et profondes nécessite un minimum de garantie historique. Cependant, le souci de véracité historique des faits et des paroles transmis dans les témoignages bibliques en général et néotestamentaires en particulier, ne nous semble pas très fécond. Ceci simplement parce que dans cette obstination, nous courrons le risque de dévaluer ce qui n'est pas considéré comme historique, rendant du même coup désuet le témoignage historique en question. L'historicité des paroles d'un personnage, Jésus par exemple, n'est en effet ni jamais totalement garantie, ni démentie. Il peut arriver que l'on tienne pour historique une parole tout simplement en raison de la compréhension que l'on en a. Et si l'on se trompait dans cette compréhension ! Autant d'anicroches qui, pour nous, ne favorisent pas une approche exclusivement historique déterminante.

Par ailleurs, un texte peut être considéré comme historique et rester pourtant incompréhensible et impénétrable. Aussi pensons-nous que l'analyse structurale et narrative de notre texte, renforcée par un examen des critères historiques nécessaires serait plus féconde pour notre projet. Il n'est surtout pas question de considérer à priori l'Evangile de Matthieu comme une simple déformation des paroles authentiques de ses personnages. Cependant, il faut respecter néanmoins le caractère de témoignage de cette œuvre qui est une sorte de compte rendu d'une expérience. Ce qui à notre avis, ne sera pas un écran, mais bien plus une porte d'accès à la pointe théologique du pardon dans cet Evangile.

INTRODUCTION

Le Nouveau Testament à notre disposition de nos jours est un long processus de transmission traditionnel de nature orale ou écrite. Les apôtres ou même des hommes ordinaires dans le premier cas, ont constitué les gardiens de cette tradition. Dans le second cas, les scribes remplissaient cette fonction. Le texte du Nouveau Testament aujourd'hui est malheureusement le résultat de ce processus. Malgré le grand nombre d'instruments de travail et toutes les précautions visant à protéger le texte originel, malgré toute cette attention protectrice, plusieurs erreurs involontaires et plusieurs transformations volontaires s'y sont infiltrées. L'exégète a donc la tâche de réparer ces différentes incorrections qui constituent des variantes ou des leçons, et de proposer ce qu'il faut lire. Le besoin d'une exégèse à travers une sorte de relecture des textes se vit dans le quotidien. Il n'y a qu'à voir tous ceux qui ont fait l'expérience de confier un texte à un dactylographe par exemple, soit pour une saisie. Ils savent malheureusement combien les fautes de frappe et parfois d'inattention sont courantes ainsi que certains changements introduits par les techniciens dactylographes pour améliorer les « fautes » dans l'original. En tout cas, malgré les efforts des scribes, on nous dit que le travail des copistes ne peut pas être sans erreur, et voilà pourquoi nous avons des textes présentant des différences de leçons ou variantes. L'exégète s'occupe donc de ces variantes et de ceux qui les soutiennent et les attestent.

CHAPITRE PREMIER.

PREALABLES EXEGETIQUES

I. MESURER L'INSTABILITE DU TEXTE BIBLIQUE

Il s'agit dans cet exercice de constater et de remonter le cours du temps de l'écriture et de la transcription du texte. Face à certaines incohérences ou à certaines difficultés constatées dans un texte, celui précisément de la Bible en général et du Nouveau Testament en l'occurrence, il est nécessaire de tenter d'imaginer ce qui a pu se passer, ce qui a pu y provoquer ces erreurs parfois involontaires, ou certaines transformations pour la plupart volontaires dont a subit le texte dans sa transmission.

I-1. Les erreurs involontaires

Les écarts entre les différentes versions à notre portée aujourd'hui, sont communément attribués aux différentes variantes résultant très souvent des erreurs de lecture des copistes. Ils pouvaient anticiper la lecture d'une ligne, parce que plusieurs mots étaient repris parfois d'une phrase à une autre, et il leur arrivait souvent de les confondre. C'est par exemple le cas de Luc 18 :39 qui ne se trouve pas dans un nombre important de manuscrits. La raison à première vue serait la confusion entre la fin de ce verset et celle du verset qui le précède c'est-à-dire le verset 38. Il en est de même de Matthieu 5 : 20, absent dans certains manuscrits probablement pour les mêmes causes. Celles de la ressemblance étrange de la fin de Matthieu 5 : 19 et celle de Matthieu 5 : 20.

Parfois aussi, ce pourrait être une erreur d'audition, une erreur d'écoute quand celui qui dictait ou prêchait prononçait approximativement un mot ou une lettre, ou que le copiste confondait le mot au son entendu. C'est certainement le cas dans 1P 2 :3. Certains copistes auraient confondu Χριστὸς à Χρηστὸς probablement en raison du rapprochement phonétique qui existe entre les lettres ι et η.

I-2. Les transformations.

Il est arrivé que certains copistes corrigent eux-mêmes ce qu'ils ont pensé devoir être autrement. Mais il existe aussi d'autres sources de transformation des textes reçus. Les évangiles et les actes des apôtres par exemple, ont fait l'objet d'une double tradition : la tradition orale, se poursuivant pendant que prenait corps et forme petit à petit la tradition écrite. Ce chevauchement aurait provoqué des altérations à coup sûr mais de bonne foi. Certaines étant grammaticales comme dans Luc 4 :1 où il est question de « ἐν τῇ ἐρήμῳ » : *dans le désert*, et de « εἰς τὴν ἐρήμὸν » : *vers le désert*. D'autres harmonisantes. C'est certainement la raison pour laquelle la tradition manuscrite par exemple du récit du baptême de Jésus, montre la citation du Ps.2 :7 par Luc 3 :22, et celle de Esaïe.42 : 1 et 44 : 2 en Mt. 3 : 17 et Mc. 1 : 11.

Nous avons aussi certains passages jugés circonstanciellement ambiguës qui présentent des variantes explicatives comme c'est le cas dans 1 Corinthien 7 : 14 avec « ἡγίασται γὰρ ὁ ἀνὴρ ὁ ἄπιστος ἐν τῇ γυναικί » *Car le mari non croyant est sanctifié par sa femme* et « ἡγίασται γὰρ ὁ ἀνὴρ ὁ ἄπιστος ἐν τῇ γυναικι τῇ πιστῇ » *Car le mari non croyant est sanctifié par sa femme* ***croyante.*** D'autres sont vraisemblablement des réponses à des soucis doctrinaux comme c'est probablement les cas dans Marc.13 :32 avec « Περὶ δὲ τῆς ἡμέρας ἐκείνης ἢ τῆς ὥρας οὐδεὶς οἶδεν, οὐδὲ οἱ ἄγγελοι ἐν οὐρανῷ οὐδὲ ὁ υἱός, εἰ μὴ ὁ πατήρ » : *Quant à la date de ce jour, ou à l'heure, personne ne les connaît, ni les anges dans le ciel,* ***ni le Fils****, personne* que le Père. et « Περὶ δὲ τῆς ἡμέρας ἐκείνης ἢ τῆς ὥρας οὐδεὶς οἶδεν, οὐδὲ οἱ ἄγγελοι ἐν οὐρανῷ, εἰ μὴ ὁ πατήρ» : *Quant à la date de ce jour, ou à l'heure, personne ne les connaît, ni les anges dans le ciel, personne que le Père.*

CHAPITRE DEUXIEME.

LE TEXTE DE MATTHIEU 18 : 21-22.

Le choix de ce texte ne s'est pas fait sur la base d'un mobil particulier. Il résulte simplement de la logique qui commande notre questionnement sur la réalité même de la lettre du texte du Nouveau Testament eu égard à l'histoire qui caractérise sa transmission. Comme d'ailleurs la quasi-totalité de ses versets, ces deux versets de l'Evangile selon Matthieu comportent deux soucis textuels sur les quels notre attention mérite d'être retenue, avant toute recherche de signification et d'enseignement.

II-1. Apparat critique et établissement du texte de Matthieu 18 : 21-22.

Il est question dans un premier temps, de déterminer les éléments plausibles de notre texte, c'est-à-dire : le texte qui semblera plus ancien, autrement dit le plus proche de l'original. Pour ce faire, nous essayerons de mettre de côté tous les aménagements rédactionnels liés à ces deux versets. Premièrement, nous identifierons les différents problèmes que pose notre texte sur le plan purement textuel et littéraire. Nous essayerons par la suite de les résoudre. Nous nous servirons pour y parvenir de l'apparat critique de la 27e édition du texte grec NESTLE ALAND[1].

II-1-1 Apparat critique.

Notre texte selon l'édition grecque susmentionnée, celle que nous possédons, pose deux problèmes principaux : un problème de transmission et un problème de transposition. Pour ce qui est du problème de transmission, il est question de savoir, des trois variantes suivantes, laquelle est la plus ancienne, dit autrement la plus proche de la plume du premier rédacteur. Il s'agit de « ὁ Πέτρος εἶπεν αὐτῷ» : *Pierre dit à lui* ; « ὁ Πέτρος εἶπεν » : *Pierre dit* et « αὐτω ὁ Πέτρος εἶπεν» : *à lui Pierre dit.*

Le problème de transposition quant à lui, concerne les variantes « εἰς ἐμὲ ὁ ἀδελφός μου » : *envers moi mon frère* et « ὁ ἀδελφός μου εἰς ἐμὲ » *mon frère*

[1] A notre portée au moment de l'étude.

envers moi. Il est question de savoir pour ce second problème, laquelle de ces deux variantes, est plausible.

- Transmission de « ὁ Πέτρος εἶπεν αὐτῷ»
  - Inventaire des manuscrits

Les manuscrits : א^2 L W Θ f $^{1.13}$ 33 M aur (e) q sy $^{p.h}$; Lcf portent la variante « αὐτω ὁ Πέτρος εἶπεν» : *à lui Pierre dit.*

Les manuscrits : א*sy^s attestent portent plutôt la variante de « ὁ Πέτρος εἶπεν» : *Pierre dit.* Omission de αὐτω .

Les manuscrits : B (D) 0281.892.1424 pc, supportent la leçon « ὁ Πέτρος εἶπεν αὐτω » : *Pierre lui dit.*

- Evaluation

Sur le plan quantitatif, la leçon « αὐτω ὁ Πέτρος εἶπεν» est la mieux soutenue de toutes. Le plus âgé de ses témoins est le texte révisé א^2 qui daterait du IV e siècle.

La variante « ὁ Πέτρος εἶπεν αὐτω» par contre serait la mieux attestée qualitativement étant donné qu'elle est soutenue par la majuscule B à qui revient la première place des Evangiles par rapport aux autres majuscules[2].

La variante « ὁ Πέτρος εἶπεν», quant à elle, est attestée par deux témoins tout simplement. Du point de vue quantitatif, elle est moins intéressante. Cependant elle s'impose assez bien sur le plan qualitatif, étant donné qu'elle est soutenue par la première main du sinaïticus (א*).

Au vue de l'ancienneté de type, attestée par B (vers 350)[3], il n'y a aucune raison d'exclure d'emblée l'originalité de la leçon « ὁ Πέτρος εἶπεν αὐτω» que supporte ce témoin. Cependant, sur le plan quantitatif, cette leçon est plutôt

[2] Information tirée de Nestlé-Aland, Introduction Novum Testamentum Graece. 27e Ed., p.14.
[3] Hans CONZELMANN, Andreas LINDEMANN, Guide pour l'étude du N.T., p.65.

faiblement soutenue par rapport à « αὐτω ὁ Πέτρος εἶπεν» qui est attestée par un nombre plus important de témoins. Quant à la leçon « ὁ Πέτρος εἶπεν», celle-ci n'est non plus en reste qualitativement, puisqu'elle est attestée par la copie originelle du sinaïticus (ℵ*) probablement du IVe siècle, plus une traduction syriaque, appartenant par ailleurs aux textes occidentaux. Cependant, à ce niveau, l'évaluation en tant que telle ne nous permet pas de jugement certain. Toutefois, nous pouvons nous rendre compte malgré ces diverses variantes que, dans l'une comme dans l'autre, l'expression garde fondamentalement le même sens. Autrement dit, ces variantes véhiculent toutes la même idée : celle de Pierre qui s'exprime ; même si son geste est plus ou moins clarifié et précis, selon que le pronom personnel « αὐτω» se positionne en avant ou en arrière ou se trouve tout simplement absent de l'expression. Nous sommes donc certainement en face de variantes harmonisantes avec pour souci le besoin de précision pour certains témoins.

De ces trois variantes, la mieux soutenue qualitativement est bien comme nous l'avons dit, « ὁ Πέτρος εἶπεν αὐτω ». parmi les manuscrits qui la soutiennent, le plus âgé « B » date du Ve siècle, tout comme ceux des autres variantes c'est-à-dire $ℵ^2$ et ℵ* qui soutiennent respectivement la première et la deuxième variante dans l'ordre susmentionné. Cependant, nous estimons que la position du pronom personnel αὐτω en début d'expression, rendrait le texte plus cohérent dans la mesure où ce mot servirait à montrer l'aboutissement du mouvement de Pierre, dans l'action décrite par le verbe « προσελθὼν » : *venant auprès, s'approchant.* L'absence du pronom personnel αὐτω et par ailleurs sa position dans l'arrière-plan de l'expression, rendrait à notre avis, le texte moins facile à comprendre, dans la mesure où cette absence provoquerait une imprécision et même un quiproquo sur le mouvement de Pierre. Autrement dit, les leçons difficiles ici sont, « ὁ Πέτρος εἶπεν αὐτω » : *Pierre lui dit* et « ὁ Πέτρος εἶπεν» : *Pierre dit.* Or cette expression « ὁ Πέτρος εἶπεν» : *Pierre dit* semble curieusement être exclusivement de Matthieu. Le fait qu'elle soit citée cinq fois dans son Evangile, en l'occurrence dans Matthieu 14 :28 ; 15 :15 ; 18 :21 ; 19 :27 ; 26 :33 et nulle part ailleurs dans les autres Evangiles, nous pousse à déduire que nous sommes là en présence d'une construction essentiellement matthéenne. En effet, « ὁ Πέτρος εἶπεν» peut être considéré ici comme un noyau, une souche sur laquelle toutes les autres formations littéraires se sont développées pour des besoins de précision, à savoir « ὁ Πέτρος εἶπεν αὐτω » par exemple qui est sa deuxième retouche, probablement dans le souci de préciser celui à qui Pierre s'adresse, et « αὐτω ὁ Πέτρος εἶπεν » pour donner plus de précision au mouvement de Pierre traduit par « προσελθὼν ».

- Déduction

A la suite de cette évaluation, nous estimons que la variante la plus rapprochée de l'originale est « ὁ Πέτρος εἶπεν» : *Pierre dit.* Considérons la comme telle. Les auteurs des manuscrits véhiculant les autres variantes auraient certainement été animés par le souci d'attirer l'attention des lecteurs sur le mouvement de Pierre dont ils fournissent le moindre détail ; ceci sans doute dans le but de mettre en exergue, à travers ce tableau, l'un des disciples le plus en vue dans l'Evangile de Matthieu : Pierre. Et il n'est pas surprenant que D, le plus en vue de ces majuscules soit occidental, étant donné la place que donne l'Eglise occidentale à Pierre. Pierre par ailleurs en qui plusieurs commentateurs[4] du Nouveau Testament reconnaissent la primauté et le rôle de leader parmi le groupe des douze.

➢ Transposition de « εἰς ἐμὲ ὁ ἀδελφός μου ».

- Inventaire des manuscrits

Ce second problème est exclusivement celui de la transposition des termes de l'expression « εἰς ἐμὲ ὁ ἀδελφός μου » : *envers moi mon frère*, soutenue dans cet ordre par les manuscrits suivants : א D L W 0281 f^1 33 M

[4]Donald A. HAGNER ; Pierre BONNARD, Claude TASSIN etc...

latt ; dont le plus ancien, l'Alexandrin ℵ, daterait du 4e siècle. D'autre part, certains témoins ont dans leur texte, un ordre différent des mots de cette même expression. Il s'agit de B Θ f 13 pc. Ceux-ci proposent plutôt de lire : « ὁ ἀδελφός μου εἰς ἐμὲ » que nous pouvons littéralement traduire par : *le frère de moi envers moi* et de façon dynamique par : *mon frère envers moi.*

- Evaluation

La leçon « ὁ ἀδελφός μου εἰς ἐμὲ » dans laquelle l'ordre des mots est différent par rapport au texte grec NESTLE- ALAND de la 27e Ed, est soutenue par un nombre très limité de témoins. Ce qui veut dire que, du point de vue quantitatif, elle ne s'impose pas. Cependant, le plus âgé parmi les témoins qui l'attestent date du 4e siècle. Il s'agit de B à qui d'ailleurs, revient la première place parmi tous les autres manuscrits majuscules des Evangiles. De ce point de vue, on est en droit d'affirmer que « ὁ ἀδελφός μου εἰς ἐμὲ » s'impose qualitativement bien.

Au vue de cette valeur qualitative attestée par cette variante, en face de la valeur de « εἰς ἐμὲ ὁ ἀδελφός μου », il n'y a véritablement pas de raison d'exclure d'emblée l'une ou l'autre variante de l'originalité du texte, bien que la variante « εἰς ἐμὲ ὁ ἀδελφός μου » soit par ailleurs répandu sur un espace géographique conséquent (Occident, Byzantin, Alexandrin). Cependant, le verbe « ἁμαρτήσει » : *péchera*, qui précède cette expression est rarement utilisé dans les synoptiques. Sur sept fois qu'il est mentionné, il est trois fois présent dans l'Evangile de Luc suivi de la préposition « εἰς »: *contre, envers, vers* et deux fois seulement dans l'Evangile selon Matthieu. Toutefois, ce qui est important de souligner est que, ce verbe « ἁμαρτήσει » suivi du substantif ἀδελφός n'est du tout pas utilisé dans l'Evangile selon Matthieu pourtant il est présent dans Luc 17 : 3, bien que ce soit un apax. Ceci peut déjà nous conduire à déduire que l'expression « ἁμαρτήσει de ἁμαρτάνω εἰς» : *péchera, pèche contre,* est dans une moindre mesure commune à Matthieu et à Luc, contrairement à « ἁμαρτήσει de ἁμαρτάνω ἀδελφός» qui est exclusivement lucanien.

- Déduction

A la suite de cette évaluation, nous pouvons déduire que la leçon qui semble plus vielle est « εἰς ἐμὲ ὁ ἀδελφός μου ». les auteurs des manuscrits qui ont dans leurs écrits « ὁ ἀδελφός μου εἰς ἐμὲ » auraient sans doute été au préalable en contact avec l'Evangile selon Luc et auraient subi son influence. Admettons que cela soit ainsi ; l'utilisation de « ὁ ἀδελφός μου εἰς ἐμὲ » aurait donc pour but de montrer qu'il est question d'un péché commis par un homme vis-à-vis de son semblable. Par ailleurs, dans l'Evangile de Luc[5], l'expression « ἁμαρτάνω ὁ ἀδελφός» est généralement utilisée dans un contexte bien précis : celui d'une réprimande de l'opprimé vis-à-vis de l'oppresseur en vue de solliciter le pardon. Autrement dit, Luc envisage à l'endroit du pardonné, c'est-à-dire à l'endroit de celui qui est appelé à recevoir le pardon, le bourreau en quelque sorte, en face de la victime celui qui devrait pardonner, une action matérielle réelle et directe : présenter les excuses par exemple et ceci vice versa, comme préalable au pardon. Or dans l'Evangile de Matthieu il n'est évoqué nulle part une démarche extérieure du bourreau dans le déroulement du processus du pardon. Aucune action directe n'est non plus envisagée de la part de celui appelé à pardonner, comme préalable au pardon. Le pardon est une initiative personnelle, intérieure et décisive n'ayant pour seule source de motivation que la gratuité. Le pardon est un don gratuit, une œuvre individuelle sans la participation de l'offenseur comme le dit David STOOP[6]. Ainsi, l'expression « εἰς ἐμὲ ὁ ἀδελφός μου » traduirait donc ici l'idée de l'intensité du lien qui évoquerait une fraternité très proche, définie par une permanence de rapports mutuels, supposant qu'on s'attende le

[5] Luc17 :3.

[6] David STOOP, Solutions pratiques pour pardonner l'impardonnable, p.42.

moins à une situation de péché ; et qu'on soit par conséquent profondément déçu.

II-1-2. Etablissement du texte

A la suite de l'analyse faite au paragraphe précédent, nous pouvons déduire que, la variante de notre texte qui serait la plus proche de l'originale est :

> «Τότε προσελθὼν ὁ Πέτρος εἶπεν αὐτῷ, Κύριε, ποσάκις ἁμαρτήσει εἰς ἐμὲ ὁ ἀδελφός μου καὶ ἀφήσω αὐτῷ; ἕως ἑπτάκις; λέγει αὐτῷ ὁ Ἰησοῦς, Οὐ λέγω σοι ἕως ἑπτάκις ἀλλὰ ἕως ἑβδομηκοντάκις ἑπτά.».

Littéralement, elle peut être traduite de la manière suivante :

> *« Alors s'approchant Pierre dit : Seigneur, combien de fois péchera-t-il envers moi le frère de moi et pardonnerai-je à lui ; jusqu'à sept fois ; dit à lui Jésus : ne pas je dis à toi jusqu'à sept fois mais jusqu'à soixante-dix fois sept ».*

Et comme traduction dynamique, nous nous proposons de retenir la version suivante :

> *« Alors, s'approchant, Pierre dit : Seigneur, combien de fois péchera t-il envers moi, mon frère, et lui pardonnerai-je ; jusqu'à sept fois ? Jésus lui dit : je ne te dis pas jusqu'à sept fois. Mais, soixante-dix fois sept ».*

CHAPITRE TROISIEME

Etude du texte de Matthieu 18 : 21-22.

Pour Pierre BONNARD[13], le chapitre 18 de l'Evangile de Matthieu rassemble des sentences dont la cohésion est d'une autre nature que celle des discours grecs ou modernes. Ces sentences ne sont pas des déductions logiques, mais des exemples d'application pratique. Ce procédé, il faut le rapprocher selon le même auteur, des assemblages de sentences rabbiniques qui ont constitué la Mishna.

L'ensemble des sentences de Matthieu 18 constitue donc une instruction sur les conditions d'accès dans le Royaume des cieux. Et Matthieu 18 : 21-22 en constitue donc pour sa part une instruction particulière. Sa particularité vient du fait de l'utilisation et la précision que traduit le « ποσάκις» *(combien de fois)* de la question de Pierre. L'objet de débat change donc de niveau ici. Il est maintenant question des chiffres et d'un dénombrement. Ce nouveau tableau évolue jusqu'à la fin du verset 22.

Le début du verset 23 est une formule essentiellement matthéenne, introduisant des textes soit d'illustration, soit de comparaison, qui marquent le plus souvent dans la plume du rédacteur matthéen, le début d'un nouveau rebondissement que prend le même débat[14]. En effet, le terme « Διὰ τοῦτο» *(c'est pourquoi)* avec lequel s'ouvre le verset 23 ne traduit certes pas une séparation radicale entre ce qui sera dit et ce qui vient d'être dit ; ce qui confirme d'ailleurs très bien la présence de « ἡ βασιλεία τῶν οὐρανῶν » (Le *royaume des cieux*), mais les maintient dans une relation de similitude dont la nature est déterminée par l'expression « ὡμοιώθη » (*est semblable*). Il est en effet question ici désormais d'illustrer ou de faire une similitude entre ce qui vient d'être dit et ce qui sera dit par la suite. Le P. LAGRANGE[15] dira :

> « Διὰ τοῦτο *lie à ce qui précède, mais seulement parce que la parabole, elle aussi, enseigne à pardonner. L'application se fera si peu sur le nombre des pardons que dès le début, le sujet*

[13] P. BONNARD, Composition et signification historique de Mat 18 in « De Jésus aux Evangiles » p.131.
[14] Cf. Mat13 :24,31,33,44,45,47,52 ; 20 :1 ; 22 :2 ; 25 :1.
[15] Le P. M.-J. LAGRANGE, Op.cit., p.359.

change. La comparaison se portera sur le Royaume des cieux, à la manière vague des paraboles juives pour dire : telle est en effet la règle à observer pour arriver au Royaume de Dieu. »

Ceci étant, nous devons, lire la question de Pierre et la réponse de Jésus sur le pardon[16] à travers le prisme de la condition d'accès dans le Royaume des cieux, l'objectif général du débat entre ces deux interlocuteurs étant noyé dans cette idée force que véhicule le contexte littéraire de l'ensemble du chapitre 18. Les deux versets qui composent notre texte visent donc précisément l'expression pratique de l'instruction de Jésus sur ceux qui ont accès dans le Royaume de cieux. Le propos sur le dénombrement lié à la pratique du pardon ici rentrant dans cette logique, représente dans ce cas un sous développement, une espèce d'explication de ce qui entre autres critères, caractérise les entrants dans le royaume des cieux. Il ne fait aucun doute que le rédacteur matthéen lie dans sa narration, cette pratique du pardon, à l'être substantiel même du « παιδίον » (*petit enfant*). Ce qui veut dire que le pardon fait donc partie des actes pratiques pour accéder au statut de « παιδίον » ; condition exigée pour l'accès dans le Royaume des cieux. Ceci nous permet de comprendre très bien pourquoi Matthieu 18 : 15-35 et pour ce qui nous concerne, Matthieu 18 : 21-22 trouvent logiquement leur place dans ce chapitre 18. La condition d'accès au Royaume des cieux étant d'être « παιδίον », elle se vit et se traduit dans la pratique du pardon. Le pardon est l'une des formes concrètes de l'attitude de l'homme, qui confirme et matérialise son état de « παιδίον ».

Il ne fait aucun doute, sur le plan purement littéraire que, Matthieu 18 : 21-22 comprend deux parties ; Et chacune des parties correspond à un verset.

La première partie est le verset 21. Elle représente l'intervention de Pierre, introduite par le terme « Κύριε » (*Seigneur*). Ce terme ouvre

---

[16] Mat 18 :21-22.

généralement dans l'Evangile de Matthieu[17], une demande ou une question. Il est ici accompagné d'une injonction rédactionnelle : « Τότε προσελθὼν ὁ Πέτρος » (*Alors s'approchant Pierre dit)* qui, comme nous l'avons déjà signalé, marque sur le plan narratif une tournure de débat. On s'imaginerait à priori au début d'une conclusion avec « Τότε». Cependant le terme « Κύριε» ici accompagné de « ποσάκις» (*Combien de fois*) ajoute une autre chose à cet à priori. Il s'agit d'une question. Nous sommes donc avec « Τότε» en face non d'une conclusion, mais d'un rebondissement qui avec « Κύριε ποσάκις » est une question qui ouvre vers des considérations nouvelles qui sont plus précisément des considérations quantificatives.

La deuxième partie que représente le verset 22, est la réponse à la question de Pierre. C'est le moins qu'on aurait attendu du maitre après une question de son disciple.

[17] Mat8 :6,8,25.

III-3. La singularité fondamentale de Matthieu 18 : 21-22.

Littéralement, Matthieu 18 : 21-22 ne dispose véritablement pas de parallèle dans l'ensemble des synoptiques. Il n'est donc pas prudent d'envisager d'emblée, une hypothèse de dépendance littéraire formelle quelconque. Cependant, une analyse de la terminologie de notre texte pourrait nous rendre compte probablement de l'utilisation par Matthieu ou non de certaines traditions existantes. C'est dans ce sens que nous voulons nous intéresser à l'aspect substantiel de notre texte, à savoir la toile de fond de la question de Pierre au verset 21 et celle de la réponse de Jésus au verset 22.

L'expression « ὁ Πέτρος εἶπεν αὐτω » (*Pierre s'approchant de lui*) est exclusivement matthéenne, nous l'avons vu en tout cas. Associée au verbe *προσρχομαι*, infinitif de *προσελθὼν* la formule *προσερχομαι ... λεγω αυτος* est usuellement utilisée dans la narration matthéenne[18], pour décrire le fait de s'approcher respectueusement de Jésus par ses disciples ou ses interlocuteurs, pour ouvrir un débat.

En ce qui concerne la question de Pierre, l'idée maîtresse est vraisemblablement celle que véhicule les expressions « ποσάκις ἁμαρτήσει εἰς ἐμὲ ὁ ἀδελφός μου καὶ ἀφήσω αὐτῷ; ἕως ἑπτάκις» (*Combien de fois péchera-t-il ... et lui pardonnerai-je ? Jusqu'à sept fois* ?).

Béda RIGAUX[19] voit dans ce texte un rappel de la règle de Qumrân :

> « *Si ton frère pèche, reprends-le tout d'abord seul, puis s'il ne se repent pas, prends un ou deux avec toi, et s'il ne les a pas écoutés, dis-le à l'Eglise. Et s'il n'écoute pas l'Eglise, qu'il soit pour toi comme le païen ou le publicain* ».

Une position qui n'est sans doute pas très éloignée de celle que partage Daniel MARGUERAT[20] pour qui, la substance du dialogue de Pierre

[18] Mat1 :2, 5 ;9 :28 ;13 :13 ;17 :19 ;18 :21 ;24 :3.
[19] B. RIGAUX, Op.cit. p.209.

avec Jésus proviendrait certainement de Luc 17 : 4. Or dans le texte de Matthieu, il est évident que nous sommes en présence d'un nombre clair et précis des péchés, et de pardons. Cependant, lorsque nous examinons Luc 17 : 4, que beaucoup d'auteurs considèrent d'ailleurs comme parallèle à Matthieu 18 : 21-22, nous y trouvons de nouvelles données non négligeables. Il s'agit par exemple des termes «ἡμέρας » et «μετανοω » littéralement traduits par *« le jour »* et *« je me repens »*. Des termes qui, à notre avis, influencent profondément le sens du texte de Luc et lui confèrent une certaine originalité. En effet, avec «ἡμέρας », le nombre évoqué dans le texte de Luc, bien qu'étant identique à celui de Matthieu, trouve cependant une limite par rapport au facteur temps. Il est question chez Luc de « ἑπτάκις τῆς ἡμέρας ἁμαρτήσῃ» (*sept fois le jour il pèche*). Pourtant, Matthieu même en évoquant le nombre « ἑπτάκις» ne le lie pas à «ἡμέρας », moins encore à une durée quelconque. Ensuite, Luc conditionne l'ἀφίημι (le pardon) à la μετάνοια (la repentance). La repentance est un préalable au pardon chez Luc, une condition de l'octroie du pardon. Ce qui n'est évidemment pas le cas chez Matthieu. A ce sujet, Le Père LAGRANGE[21] dira du thème de pardon dans Luc comme étant le seul qui y a mêlé l'admonestation «ἐπιτίμησον » qui répond d'une façon plus sévère à la correction fraternelle de Matthieu. Au lieu de soixante-dix fois sept « pardons», il a sept fois «ἁμαρτήσῃ εἰς» (pécher contre) le jour ; c'est la même idée d'un pardon qui ne se refuse jamais, mais sous une forme plus simple, et l'on peut dire que Luc est moins insistant. De plus il a le repentir qui, en somme, n'est pas exigé chez Matthieu.

Venons-en à la réponse de Jésus. C. TASSIN[22] pense que Jésus s'inspire du poème cruel cité par la Bible au sujet de Lémec, un des descendant de Caïn (Gn 4 : 24). Or en Gn 4 : 24, il est question de «שִׁבְעָתַיִם » (soixante-dix) que les Septante traduisent évidemment par « ἑπτάκις».

---

[20] D. MARGUERAT, Le jugement dans l'Evangile de Matthieu, p.434.

[21] Le P. M.-J. LAGRANGE, Op.cit., pp. 357,358.

[22] C. TASSIN, L'Evangile de Matthieu, commentaire pastoral, Paris Centurion, 1991.

Cependant, le contraste ici vient du fait qu'il est question précisément de «קָיִן־ שִׁבְעָתַיִם יֻקַּם » (soixante-dix fois sera vengé Caïn) dans ce texte. Une expression qui révèle plutôt le désir de vengeance, nourri par Lémec. Pourtant, pour ce qui est de notre texte, la réponse de Jésus est claire. Elle évoque en substance un nombre, comme Pierre pouvait sans doute s'y attendre. Il s'agit de « ἑβδομηκοντάκις ἑπτα» (*soixante-dix fois sept)*. Même si on peut lire dans la traduction que donne les Septante de « שִׁבְעִים וְשִׁבְעָה» (soixante-dix-sept fois), dans Gn 4 : 24, l'expression « ἑβδομηκοντάκις ἑπτα» il faut cependant prendre au sérieux les deux contextes d'expression de ce terme ici, qui sont différents et même opposés. Dans Gn4 : 24, nous l'avons dit, nous sommes dans un contexte précis de «יקם» (venger) traduit dans les Septante par «εκδικέω» (venger, faire justice, tirer vengeance). Pourtant, dans l'Evangile de Matthieu, la situation qui prévaut renvoie plutôt à l'ἀφίημι (le pardon). Nous ne trouvons par conséquent pas suffisamment probant, la raison qui voudrait que soit placée d'emblée la source de la tradition de Matthieu 18 : 21-22 en Gn 4 : 24. Cependant nous pouvons toutefois relever, d'une manière assez générale, le rapport intéressant qui existe entre les deux traditions ; particulièrement dans le domaine du dénombrement. Ce qui pour nous révèle tout simplement de l'importance et de la valeur de la symbolique des chiffres dans la croyance juive.

Au demeurant, nous voulons reconnaître avec J. ZUMSTEIN[23] que, Matthieu comme les autres évangélistes, n'a pas simplement été porteur et compilateur des traditions relatant la destinée et la prédication de Jésus. Il a retravaillé dans son écrit, certaines traditions en circulation à son époque. Il les a remarquablement exploitées en les reformulant, pour leur donner son empreinte théologique et ecclésiologique propre. Ainsi, malgré l'absence de textes parallèles liés à Matthieu 18 : 21-22, il n'en demeure pas moins que ce texte est le fruit d'une forte imbrication entre des traditions existantes et la

---

[23] J. ZUMSTEIN, Miettes exégétiques, p.91.

rédaction qu'il en donne. Pour Lytta BASSET [24], L'idée du pardon sans condition devait être dans l'air à l'époque de Jésus, s'il faut s'en tenir à un extrait du Testament de Gad (VI, 3-5), un écrit intertestamentaire transmis par des chrétiens, mais dont l'origine juive reste incertaine :

> « *Aimez-vous les uns les autres de tout cœur, et si quelqu'un a péché contre toi, parle-lui calmement, en bannissant le venin de la haine et sans garder de ruse dans ton âme et, s'il avoue et se repent, pardonne-lui. Mais s'il nie, ne te querelle pas avec lui, de peur qu'il ne jure et que tu commettes un double péché* »

Par ailleurs, sur 146 fois que le verbe « ἀφίημι» (pardonner) est cité dans l'ensemble du Nouveau Testament, seul Matthieu l'utilise 4 fois, dans le cadre des relations inter personnelles. En plus, dans un tout autre contexte, il conditionne même l' « ἄφεσίς» (le pardon) de Dieu à celui de l'homme vis-à-vis de son semblable :

> « *En effet, si vous pardonnez aux autres leurs fautes, votre Père céleste vous pardonnera à vous aussi ; mais si vous ne pardonnez pas aux hommes, votre Père non plus ne vous pardonnera pas vos fautes* »[25].

Nous ne pouvons pas nier l'existence de nombreux parallèles et analogies racontés et répandus dans le judaïsme, par rapport aux traditions sur Jésus. Cependant, nous voulons apprécier à sa juste valeur l'habileté de la plume du narrateur matthéen, qui a su donner à certaines notions de son milieu, une compréhension assez originale pour mieux bâtir son témoignage. On perçoit ainsi l'attachement du rédacteur matthéen à la vie relationnelle, à la vie communautaire. Il n'hésite pas par exemple, comme le dit si bien Lytta BASSET[26], à mettre dans la bouche de Jésus, une invite à pardonner

[24] L. BASSET, Le pouvoir de pardonner, p.423.
[25] Mat.6 :12, 14,15 ; 18 :21.
[26] L. BASSET, Op.cit., p.422.

exclusivement d'humain à humain. Ce qui l'intéresse en effet, ce n'est pas la circonstance qui a fait naître un propos particulier de Jésus, mais beaucoup plus la portée générale et permanente du propos. Et pour le même objectif, c'est encore lui qui innove, pour orienter dans le sens du pardon, dans un genre littéraire assez particulier, le besoin de vengeance si nous voulons penser à Gn 4 : 23.

Un genre littéraire dont la détermination n'est malheureusement pas facile, car nous ne sommes pas en face d'un texte élaboré selon un schéma classique bien connu. A.M. ROGUET[27] comme beaucoup d'autres commentateurs, considère tout le chapitre 18 de l'Evangile de Matthieu comme l'un des cinq discours de ce livre, plus précisément le discours sur les relations fraternelles entre les membres de l'Eglise. Pour R. BULTMANN[28], Matthieu 18 : 15-22 est une collection de règles communautaires, visant à préserver la pureté de la communauté. Comme on peut le constater, tous ces auteurs et bien d'autres s'accordent sur le fait que ceux qui sont concernés par notre texte constituent un collectif dont le vœu serait de voir harmonieux ; pour P. BONNARD[29], une analyse de tout ce chapitre permettrait de remarquer qu'il est moins question d'une réglementation comme telle, que d'une instruction sur le bon usage de la discipline communautaire. En effet, pour cet auteur, Jésus et après lui, le narrateur de cet Evangile n'instituent pas des règles. Le texte suppose déjà que ces règles existent et elles sont valables. Le plus important, c'est d'en faire bon usage. Considérons dans un premier temps que l'ensemble du chapitre 18 dans lequel se trouve notre texte soit un discours. Dans ce cas, il y aurait comme tout discours classique, d'un côté un orateur qui parle et de l'autre côté des auditeurs qui écoutent[30]. Or tel n'est pas en réalité la situation qui prévaut dans ce chapitre. Il y a plutôt une sorte d'entretien, un débat bilatéral dans lequel les interventions de

---

[27] A.-M. ROGUET, Initiation à l'Evangile, p.51.

[28] R. BULTMANN, cité par G. GANDER, Op.cit., p.267.

[29] P. BONNARD, Op.cit., p. 273.

[30] Voir : « Discours sur la montagne», Mat 5-7.

Jésus sont des réponses qui font suite à des questions parfois d'éclaircissements comme celle posée en Mat 18 : 21. P. BONNARD[31] pense d'ailleurs pour ce qui est de la formule « Καὶ ἐγένετο ὅτε ἐτέλεσεν ὁ Ἰησοῦς τοὺς λόγους τούτους,»[32] (Et il advint, quand Jésus eut achevé ces discours), qui clôt les discours matthéens, que l'expression « τοὺς λόγους τούτους» (ces paroles) doit plutôt s'appliquer aux instructions contenues dans ce chapitres et non aux récits qui le précèdent. Ce qui veut dire qu'on peut bien considérer les 35 versets de Matthieu 18 comme un tout, mais pas leur appliquer le terme de discours. Déjà, il décrit une scène dont deux personnages principaux, Pierre et Jésus représentent les acteurs et sont engagés dans une espèce de dialogue où l'un essaye de résoudre la difficulté de l'autre, face à un auditoire discret. B. RIGAUX[33] pense même, qu'il faut plutôt rapprocher tout ce chapitre 18 de la première *lettre aux Corinthiens*, qui résout des cas posés à l'apôtre par les difficultés présentes. Matthieu 18 : 21-22 ne peut non plus correspondre à une exhortation, dans la mesure où le propos de Jésus ne semble pas faire appel à la volonté de ceux à qui il s'adresse. Jésus ne donne ici ni un conseil, ni une invite à proprement parlé à ses auditeurs ; moins encore, il n'est sous-entendu aucun sentiment de prière de sa part, dans sa réponse à Pierre. Comme nous l'avons évoqué, la question de Pierre fait logiquement suite au long exposé de Jésus sur les conditions d'accès dans le Royaume des cieux, autrement dit, comment être « παιδίον » (*petit enfant*) ou tout simplement « μικρός» (*le petit*). Pierre a bien suivi Jésus cependant un flou demeure dans son entendement et c'est la raison de sa question. On peut imaginer que le propos de Jésus ne vise qu'à instruire davantage son auditeur sur ce qu'il a dit précédemment. Il lui donne donc une instruction détaillée et plus explicite sous une autre forme et en d'autres termes, de ce qu'il a dit plus haut. La réponse de Jésus à Pierre joue

[31] P. BONNARD in « De Jésus aux Evangiles, tradition et rédaction dans les Evangiles synoptiques », (collectif), p. 131.
[32] Mat 7 :28 ; 11 :1 ; 13 :53 ; 26 :1.
[33] B. RIGAUX, Op.cit., p.119.

bien dans ce cas le rôle d'une instruction. Par ailleurs, le suffixe « κις» (*fois*), traduisant aisément une idée du faire ; associé en permanence aux nombres évoqués dans notre texte, donne à l'instruction de Jésus un caractère beaucoup plus pratique. Ainsi, en reposant la nature littéraire de notre texte essentiellement sur la réponse de Jésus à l'interrogation de Pierre, nous pouvons déduire que, Matthieu 18 : 21-22 traduit une sorte d'instruction à caractère pratique, un commandement du genre opérationnel de Jésus à l'endroit de celui qui veut être « le petit » (μικρός). Ce qui suppose dans une certaine mesure un abaissement, un mouvement de haut en bas, une sorte de demi-tour qui est en réalité moins une faiblesse, une capitulation, une abdication de la volonté ou d'une réduction des responsabilités qu'une grandeur spirituelle résidant surtout dans la capacité à pouvoir pardonner traduisant la juste attitude, étant donné qu'il s'agit là d'un signe fort et adéquat de reconnaissance de la condition de précarité et d'insuffisance par soi-même qui caractérise toute créature. Ceci suppose pour Matthieu un renouvellement de la compréhension de l'existence, permettant ainsi de regarder son semblable non simplement comme une personne, objet d'un respect mesurable au regard des critères de la société ; mais comme un sujet que l'on rencontre et en qui l'on s'identifie comme prochain par-delà la règle et les convenances sociales.

Et ceci n'est possible que pour celui qui a fait l'expérience de l'immense pardon de Dieu. Une expérience qui exige une ouverture totale à l'autre, dans un élan d'humilité et d'acceptation. Bref une attitude qui traduise l'état d'insuffisant par soi-même et de totale dépendance mutuelle.

Le pardon ne se concevant plus dans ce cas en termes de dénombrement, mais en termes de vie, d'état d'âme. « ἑβδομηκοντάκις ἑπτα»

III-4. Les chiffres ἑπτάκις et ἑβδομηκοντάκις ἑπτά dans Matthieu 18 : 21-22.

Les termes français que nous utilisons ont une origine et une histoire. Rappelons-en brièvement l'essentiel quant à ce qui concerne les nombres sept et soixante-dix fois sept, pour découvrir leur influence sur la portée du pardon que préconise Matthieu dans le dix-huitième chapitre de son Evangile et particulièrement dans Mat 18 : 21-22.

Dans la tradition hébraïque d'avant et du temps de Jésus, l'emploi des nombres n'avait pas toujours eu pour unique but d'exprimer des notions arithmétiques, mais quelques fois aussi, des notions symboliques. Bien qu'il ne soit facile de distinguer les unes des autres, faute de loi établie à cet effet. Nous pouvons cependant, à partir de la valeur qu'ils expriment, déterminer s'il y a approximation ou symbolisme.

En effet, le nombre sept que suggère Pierre dans notre péricope nous paraît à tout point de vue doté de son sens conventionnel. Pierre était un homme de petite condition, et selon toute apparence très ignorant. On peut ainsi penser que ses connaissances intellectuelles ne devraient qu'être très faibles. En tout cas, pour CHASE[34], l'expression άγράμματοί utilisée en Act.4 : 13[35], parlant de Pierre et de son compagnon Jean, signifie pour un juif, celui qui n'est pas au fait de l'étude rabbinique de la loi. Nous pouvons déduire de cette information et à juste titre, que Pierre n'avait fait d' « études » ni au sens juif, ni au sens grec de ce terme. Par conséquent, il n'était pas évident pour lui de maîtriser que se soit la gématrie ou l'arithmomancie, techniques d'interprétation des nombres qui, selon toute vraisemblance, ne pouvait qu'être à la portée des rabbins. Cependant, dans

[34] Cité par CH. Guignebert, La primauté de Pierre, Paris, notes p.4.

[35] « Θεροΰντες δέ τήν τοΰ Πέτρου παρρησίαν καί Ἰωάννου καί καταλαβόμενοι ότι άνθρωποι άγράμματοί είσιν καί ἰδιώται έθαύμαζον έπεγίνωσκόν τε αύτούς ότι σύν τώ Ἰησοΰ ήσαν » (Ils constataient l'assurance de Pierre et de Jean et, se rendant compte qu'il s'agissait d'hommes sans instruction et de gens quelconques, ils en étaient étonnés. Ils reconnaissaient en eux des compagnons de Jésus.)

la pratique religieuse juive, Pierre aurait connu la recommandation de pardonner jusqu'à quatre fois. Ainsi, malgré tout, sa proposition reste généreuse et révolutionnaire en même temps, parce qu'elle renchérit la pratique courante.

Cependant, il est tout de même important, à titre d'information, de savoir que la valeur symbolique du chiffre sept, même si la Bible ne le dit pas expressément, est très grande pour les peuplades du Moyen-Orient. Les origines premières de cette conception qui remonte à la plus haute antiquité doivent probablement se situer dans le phénomène naturel du mois lunaire qui se divise en quatre semaines de sept jours. Il est aussi probable que cette symbolique du chiffre sept tire également ses origines dans l'existence de sept planètes, selon les observations des astronomes babyloniens des temps assez reculés. Ainsi, ce nombre, bien que parfois employé sans valeur symbolique, traduit généralement le caractère sacré par excellence et indique la perfection et la plénitude des notions qu'ils évaluent. Ce qui signifie tout simplement que Pierre serait ainsi en train de symboliser la dimension infinie et sans limite du pardon. Une technique qui, selon toute vraisemblance, et compte tenu des lacunes que peut susciter un niveau d'instruction comme celui de Pierre, ne lui serait pas à portée. Ce constat peut malheureusement rendre moins important et même compromettant la suite du texte.

Cependant la suite du texte ne peut être considérée comme fondamentale qu'en donnant au nombre sept ici, son sens conventionnel, dépourvu de toute emphase.

Le nombre soixante-dix fois sept que Jésus évoque, n'est pas non plus dépourvu de symbole. De par sa présentation littérale, qui en soi n'est qu'une opération, il évoque déjà clairement une énigme non négligeable. En effet, nous sommes en réalité en présence d'une opération dans laquelle Jésus multiplie la proposition de son interlocuteur par le nombre soixante-dix. Ce qui veut dire que le nombre que Jésus donne est un multiple de celui proposé par Pierre. Pour dire autrement que toute la symbolique liée au nombre évoqué par Pierre se multiplie également dans celui de Jésus.

Or la perfection et la plénitude qui symbolise le nombre sept soulignent déjà en soi un état infini qui ne saurait changer malgré sa multiplication. Ainsi, au vue de toute la symbolique du nombre sept traduisant celle de son multiple soixante-dix fois sept ; Jésus n'aurait ainsi rien apporté dans la proposition du nombre de pardons que lui fait Pierre. Or la réponse de Jésus est bel et bien là, et la manière dont elle est introduite : Ού λέγω σοι έως έπτάκις άλλά (Je ne te dis pas jusqu'à sept fois, mais), montre clairement que Jésus y trouve une certaine insuffisance dans le nombre sept que Pierre évoque. Et il ne peut en être le cas que si, comme nous l'avons retenu, ce nombre est dépourvu de sa valeur symbolique. Par conséquent, le nombre soixante-dix fois sept véhiculerait donc selon toute vraisemblance, son sens conventionnel qui sous-entendrait la multiplication de l'effort proposé par Pierre, par soixante-dix. Un chiffre bien important qui, aux yeux de la plupart des théologiens[36], évoquerait cependant, même dépourvu de sa valeur symbolique traditionnelle, une dimension infinie du pardon.

Pour Elisabeth VOINIER[37], les occasions de pardon à demander ou à donner se présentant par dizaines, dans le langage biblique, cette expression évoque un nombre illimité. Une opinion qui ne paraît pas du tout éloigné de celle d'André DUPLEIX[38], qui pense que le pardon n'est réel que s'il est sans réserves, sans nom, s'il ne compte pas, s'il ne mesure pas, s'il ne calcule pas, c'est à dire s'il est en définitive un état d'âme.

---

[36]Alberto MELLO, Jean RADERMAKERS, Jean ZUMSTEIN, Lytta BASSET etc.

[37] E. VOINIER, Le pardon, clé du Royaume, p.7.

[38] A. DUPLEIX, La force du pardon, p.126.

CONCLUSION

Au demeurant, ce dialogue entre Pierre et Jésus ne saurait être extrait de son contexte littéraire. En effet, il est évident que si le pardon est clairement présenté maintenant comme l'attitude requise à l'endroit d'un μικρός, c'est qu'il a été rendu possible par toutes les étapes qui ont précédé ce dialogue. Il s'agit en fait de toute la situation qui, partant du début de ce chapitre 18, aboutit à la fameuse question de Pierre.

La question de Pierre et la réponse de Jésus mettent d'une certaine manière un accent soutenu sur la pratique opérante de pardon. En effet, l'efficacité de toute attitude à pardonner réside dans la persistance et l'inquantification. Dit autrement, le pardon ne saurait être opérant que si et seulement si la portée de son action est infinie. Le pardon ne se concevant plus dans ce cas en termes de dénombrement, mais en termes de vie, d'état d'âme.

Ce qui pour Matthieu suppose un renouvellement de la compréhension de l'existence, permettant ainsi de regarder son semblable non simplement comme une personne, objet d'un respect mesurable au regard des critères de la société ; mais comme un sujet que l'on rencontre et en qui l'on s'identifie comme prochain par-delà la règle et les convenances sociales.

Ce rebondissement d'une question portant sur la grandeur dans la βασιλεία est riche de signification. En effet, le rédacteur matthéen révèle ici l'intention et le but qui l'ont vraisemblablement animé depuis le début de son chapitre18. Le plus grand dans la « βασιλείᾳ τῶν οὐρανῶν » (Le Royaume des Cieux) c'est celui qui sait devenir comme un enfant, c'est à dire celui qui sait, tout en se reconnaissant insuffisant par lui-même, prendre la place des petits, les accepter sans mépris. Il s'agit de celui qui sait se mettre à la place et au service de l'autre, chercher et ramener l'égaré au bercail. Ce qui, d'une certaine manière signifierait apporter à l'autre en situation particulièrement difficile une attention particulièrement soutenue pour l'en débarrasser.

Comment concevoir une telle action si l'on n'est pas capable de se reconnaître déjà comme un enfant, un petit « μικρός » pour ensuite le reconnaître en son semblable? C'est donc dire que l'appartenance et par ailleurs la primauté dans la « βασιλεία τῶν οὐρανῶν » (Le Royaume des Cieux) se révèle avant tout dans la vie quotidienne par une disposition inlassable à s'accepter comme pardonné et à pardonner. L'impératif du pardon indique d'une certaine manière l'état de précarité qui caractérise tout être humain. C'est dire que celui qui pardonne est celui qui se reconnaît avoir été pardonné. Refuser de pardonner suppose la mauvaise utilisation du pardon reçu et traduit par conséquent la méconnaissance de cette condition commune à tout homme. Cette nécessité il faut le dire semble être urgente et incontournable pour Matthieu. Et dans le déploiement qu'il en fait dans son Evangile, Matthieu démontre l'importance des soins non seulement pour le « μικρός », mais également et surtout pour une relation réussie de chacun avec Dieu. D'ailleurs, comme le remarque G. GANDER[39], le contexte historique de ces propos de Jésus s'y prête suffisamment. C'est la veille du départ du Messie pour son exécution à Jérusalem. Ces paroles sont donc par conséquent les dernières paroles à son église, voire à son peuple de Galilée, rassemblés pour l'écouter encore une ultime fois dans sa chair. Il est donc naturel dans de telles conditions, que le Maître laisse aux siens son code évangélique personnel de la discipline communautaire et du pardon fraternel pouvant leur permettre de bien vivre les relations interpersonnelles et d'entrer dans sa gloire.

[39] G. GRANDER, Op.cit., p.269.

BIBLIOGRAPHIE

I. BIBLES

1- CARREZ Maurice, 1993, *Nouveau Testament Interlinéaire Grec/Français*, France : Alliance Biblique Universelle.

2- KITTEL (R.), 1997, *Biblia Hebraïca – Stuttgartensia*, Germany: Deutsche Bibelgeselleschaft.

3- *La Bible déchiffrée*, édition révisée, 1983.

4- *La Bible T.O.B. édition intégrale*, 1991, Paris, Cerf.

5- NESTLE-ALAND, 1979, *Novum Testamentum Graece, Stuttgart: Deutche Bibelgeselleschaft, 27e Ed.*

COMMENTAIRES

1- BEDA (R.), Témoignage de l'Evangile de Matthieu, Bruges, Desclée de Brouwer, 1967.

2- BONNARD (P.), L'Evangile selon Matthieu, commentaire du Nouveau Testament, Neuchâtel (Suisse), Delachaux et Niestlé, 1963.

3- DELUMEAU (J.), «Le Pardon» : préface in Le Point Théologique (45), Paris, 1987.

4- LAGRANGE (M. J.), L'Evangile selon Saint Matthieu, Paris, Librairie LECOFFRE, 1927.

5- MARGUERAT (D.), Le jugement dans l'Evangile de Matthieu, Genève : Labor et Fides, 1995.

ARTICLES, REVUES ET DOSSIERS SPECIAUX

1- CUVILLIER (E.), 1997/3 a, E.T.R « Justes et petits chez Matthieu », pp.345-364.

2- BASSET (L.), 1989/4 a, R.T.P « Le péché à l'heure de la déculpabilisation » pp.423-439.

3- E. VOINIER, Les cahiers de Montligeon, supplément chemins No 117. « *Le pardon, clé du royaume », Septembre-Octobre, 1999.*

4- Danièle AUBRIOT, «Quelques réflexions sur le pardon en Grèce ancienne» in Le Point Théologique (45), 1987.

OUVRAGES GENERAUX

1- BASSET (L.), *Le pardon originel : De l'abîme du mal au Pouvoir de pardonner, 2e Ed.*, Genève, Labor et Fides, 1995.

2- CUVILLIER (E.), *Naissance et enfance d'un Dieu, Jésus Christ dans l'Evangile de Matthieu*, Paris, Bayard, 2005, 235p.

3- DELUMEAU (J.), *L'aveu et le pardon : les difficultés de la confession XIIIe siècle*, Paris, Arthème Fayard, 1990.

4- DUPLEIX André, *La force du pardon*, Paris, Nouvelle Cité, 1991.

5- ZUMSTEIN (J.), *Miettes exégétiques*, Genève, Labor et Fides, 1991.

THESES.

1- A. GOUHIER, *Pour une métaphysique du pardon*, thèse de Doctorat es lettres présentée à la Faculté des lettres et sciences humaines de l'Université de Paris, Ed de l'Epi, 1969.

2- ZUMSTEIN (J.), *La condition du croyant dans l'Evangile Selon Matthieu*, Thèse de doctorat présentée à la Faculté de Théologie de l'université de Lausanne, Ed. Universitaires Fribourg, 1977.

TABLE DES MATIERES.

Printed by Books on Demand GmbH, Norderstedt / Germany